NATIONAL GEOGRAPHIC

Peldaños

TRANSFORMADORES

LAS COSTURERAS DE EDREDONES

Piensa en todas las cosas que desechas. ¿Los objetos o los materiales se pueden volver a usar? ¿Se pueden "**readaptar**"? Cuando hacemos algo nuevo con algo viejo, ahorramos dinero. También usamos nuestra imaginación para pensar en otras maneras de usar las cosas y cómo reutilizarlas.

¿Qué le sucede a tu ropa vieja? Puedes recortar la ropa para hacer trapos o donar la ropa. En Gee's Bend, Alabama, varias generaciones de mujeres han usado retazos de ropa vieja y tela para hacer edredones. Por sí solos, los retazos de tela no sirven de mucho. Cuando los cosen entre sí, los retazos se convierten en edredones. Estos edredones son de colores vivos y tienen patrones vistosos. Estos edredones no solo son bellos, sino que también abrigan durante las estaciones más frías.

DE GEE'S BEND

por Brigetta Christensen

¿Qué hace especiales a los edredones de Gee's Bend? Los visitantes de Gee's Bend veían el **talento artístico** en el trabajo de las costureras. La **transformación** de retazos viejos de tela en un hermoso arte con forma de útiles edredones era un logro maravilloso.

LA NECESIDAD ES LA MADRE DE LA INVENCIÓN

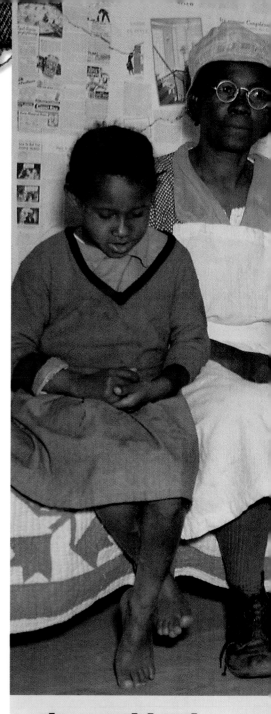

La tradición de hacer edredones en Gee's Bend, Alabama, comenzó a principios del siglo XX. Gee's Bend se ubica junto al río Alabama. Muchos residentes eran descendientes de esclavos y vivían con sencillez. Las casas de esta área sureña no tenían sistemas de calefacción como las casas del norte de los Estados Unidos. Si bien Gee's Bend está en el Sur, allí también hay temperaturas frías. La gente usaba periódicos para recubrir las paredes de sus casas y así evitar las corrientes de aire. Los hombres y las mujeres trabajaban largas horas en sus granjas y desgastaban rápidamente su ropa de dril y lana.

Las familias no tenían dinero para comprar mantas y abrigarse. Tirar material en perfecto estado era impensable. Por lo tanto, las costureras usaban cualquier retazo de tela que tuvieran a mano para hacer edredones con los cuales abrigar a su familia.

EL ARTE DE

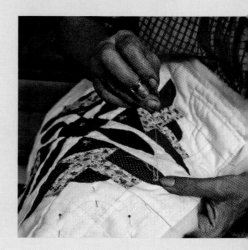

HACER EDREDONES

Los verdaderos edredones tienes tres capas: una capa superior de retazos; una capa media de guata, y una capa inferior llamada tejido de sostén. Unir las tres capas se llama hilvanar. A veces, se usa una horma para sostener las capas en su lugar mientras se hilvana el edredón. Otras veces, las costureras hilvanan las capas a mano.

Una almohadilla para alfileres sujeta los alfileres y los trozos sueltos de hilo.

En la actualidad, la costura suele hacerse con una máquina de coser. En el pasado, muchas costureras cosían cada pieza de la capa superior a mano, usando solo aguja e hilo.

"Aves en el aire",
de Lucy T. Pettway, 1981

TRANSFORMAR LA TRADICIÓN

En 1966, las costureras de Gee's Bend formaron un grupo de costura, una cooperativa, conocida como Reunión de Costura por la Libertad. Su trabajo las ayudaba a ganar dinero para las cosas básicas que necesitaba su familia. El grupo también brindaba un lugar para practicar artesanía mientras cada costurera diseñaba patrones únicos.

El grupo de costura representó una transformación. Las costureras que alguna vez trabajaron solas ahora trabajaban en grupo. La técnica de costura también experimentó una transformación porque se alentaba a las jóvenes costureras a diseñar sus propios patrones en lugar de seguir los patrones de las demás.

Edredón de pana y algodón de China
Pettway, circa 1975

"Niña haragana", de Arcola Pettway, 1976

Edredón de algodón de Jessie T. Pettway, década de 1950

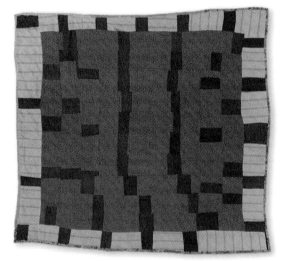
"Camino en el bosque",
de Missouri Pettway, 1971

La mayoría de las costureras aprendieron de su madre cuando eran niñas. En Gee's Bend hay al menos seis generaciones de costureras que siguen las tradiciones que establecieron los miembros más antiguos de la comunidad de Gee's Bend. Los miembros de la familia Pettway hicieron muchos de los edredones de la colección de Edredones de Gee's Bend. Cada pariente usó lo que aprendió de sus ancestros para crear sus propios diseños. En muchas otras familias del área también hay varias generaciones de costureras.

¿ARTE O ARTESANÍA?

En Gee's Bend, las mujeres hacían edredones por razones prácticas. Su proceso creativo era similar al de los artistas. Sin embargo, el propósito práctico de los edredones puede haber parecido más importante. Por esta razón, las costureras de Gee's Bend no consideraban su trabajo al mismo nivel que las obras de arte que se encuentran en los museos. Pero los críticos de arte, sí.

Los críticos de arte veían la misma calidad artística y creativa en los edredones de Gee's Bend que en las obras de los artistas del siglo XX. El ancho y la longitud de una manta del edredón son como la superficie de un lienzo que se usa para pintar. Cuando se hace esta comparación, las formas, la ubicación de los colores y las imperfecciones intencionales parecen una pintura artística moderna.

Una vez que el mundo artístico descubrió los maravillosos edredones de Gee's Bend, estos también se convirtieron en ejemplos del arte del siglo XX. Se han comparado algunos patrones de edredones con las obras de arte de Mark Rothko y Paul Klee. Los edredones parecen ajustarse exactamente al estilo abstracto del arte moderno que se encuentra en las galerías. En 2002, el Museo de Bellas Artes de Houston presentó la primera muestra de 70 edredones de Gee's Bend. Esta muestra visitó ciudades de todos los Estados Unidos y, en 2003, las costureras de Gee's Bend formaron un nuevo grupo: el Grupo de Costureras de Gee's Bend. Las costureras son las dueñas y manejan el grupo, que continúa creando obras maestras originales.

N.o 5/N.o 22. 1950 (fechado 1949 en el reverso). Óleo en lienzo, 9' 9'' x 8' 11 1/8'' (297 x 272 cm). Obsequio del artista.

La directora de un museo recorre la muestra de edredones de Gee's Bend. En esta foto se aprecia la muestra en el Museo de Bellas Artes de Atlanta en 2006.

Estas obras de Mark Rothko (izquierda) y Paul Klee (derecha) muestran colores llamativos. Ambos artistas fueron muy importantes en movimientos del arte moderno como el expresionismo abstracto.

Pueblo de montaña (otoñal) 1934, (No. 209). Óleo en lienzo preparado sobre panel de madera, 2′ 4 1/8″ x 1′ 9 1/2″ (71.5 x 54.4 cm).

"Vía Láctea",
de Nettie Young, 1971

HÁGALO USTED MISMO

Estas mujeres de Gee's Bend transmitieron la tradición de hacer edredones a partir de la necesidad de reutilizar y readaptar los únicos materiales disponibles. Muchas madres les dijeron a sus hijas que tenían que fabricar lo que quisieran tener, como vestidos, edredones y otras cosas para su hogar. Aprendieron que al hacer algo uno mismo, se puede encontrar una forma de expresarse.

La práctica de hacer objetos a mano es parte de muchas épocas y culturas. A través de la historia, ha habido momentos en los que no se podía comprar cosas nuevas. Entonces se descubría que era divertido ver qué podía resultar de materiales simples y un poco de tiempo y paciencia.

Ya sea por **necesidad** o respeto por los productos hechos a mano, en la actualidad se está regresando a las tradiciones artesanales. Se cocina, se fabrican muebles e incluso se hacen edredones. Esta tendencia se llama "hágalo usted mismo". Algunos aprenden de sus familiares y amigos. A muchos otros, Internet les ha ayudado a transmitir tradiciones.

Durante años, se compraban productos sin entender mucho cómo se hacían. Ahora se aprende cómo hacerlos uno mismo. Las mujeres de Gee's Bend son un ejemplo de que es posible hacer algo bello con los materiales más simples.

Compruébalo   ¿Cómo transformaban las costureras retazos de tela?

11

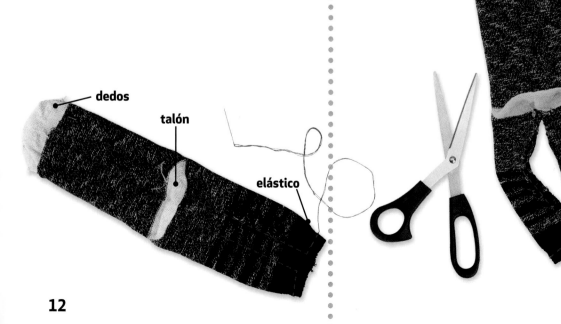

¡Monos

por Mary Clare Goller

DE CALCETINES!

¿Alguna vez sostuviste un muñeco de un mono de calcetines? Este juguete es un ejemplo de cómo se pueden **transformar** materiales viejos para hacer algo nuevo. Los calcetines con talón rojo se hicieron por primera vez en la década de 1890 para obreros de fábricas y granjeros. Estos calcetines se usaron para diseñar y hacer el primer mono de juguete. Esta tradición continúa en la actualidad. Sigue estos pasos para cortar, coser y rellenar un mono de calcetines.

Paso 1

Da vuelta un calcetín de adentro hacia afuera. Aplana el calcetín con el talón en el centro. Harás dos líneas de costura separadas aproximadamente $\frac{1}{2}$ pulgada, como se muestra en la foto. Cuando termines cada costura en el elástico del calcetín, haz un nudo.

dedos

talón

elástico

Paso 2

Haz un corte por la mitad del calcetín entre las dos líneas de costura. Deja una abertura cerca del centro del talón.

parte trasera

Materiales

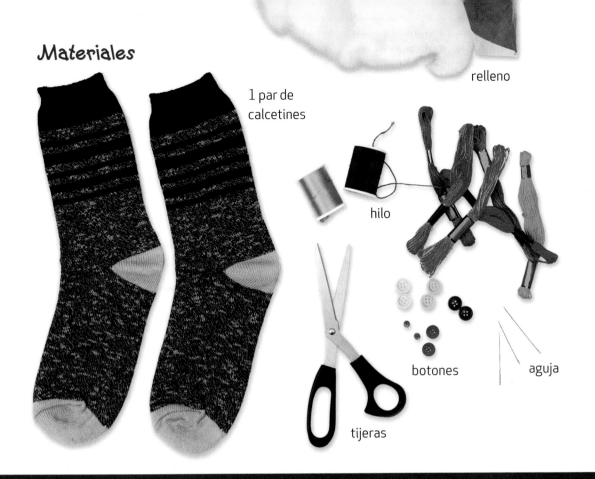

1 par de calcetines

relleno

hilo

tijeras

botones

aguja

Paso  3

Da vuelta el calcetín para que las costuras queden dentro. Rellena el calcetín a través de la abertura. Rellenarás las patas y la parte superior del cuerpo del mono.

parte trasera

Paso  4

Una vez que todo el cuerpo está relleno, cose la abertura cerca del talón para cerrarla. Ahora tienes el cuerpo del mono, incluida la cabeza, sin boca u orejas.

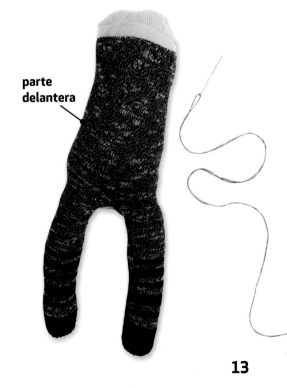

parte delantera

Paso  5

Da vuelta el segundo calcetín de adentro hacia afuera. Separa el calcetín cortándolo justo sobre el talón. Haz cortes en la porción inferior del calcetín para formar las orejas, la boca y la cola. Te quedará una pequeña parte de material sin usar.

Luego, toma la porción de los brazos y haz dos costuras rectas separadas aproximadamente $\frac{1}{2}$ pulgada. Estas costuras son iguales a las que hiciste en el Paso 1.

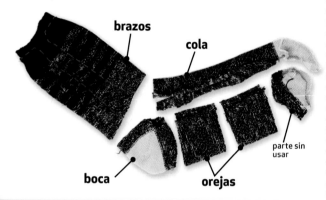

brazos

cola

boca

orejas

parte sin usar

Paso  6

Aparta el talón (boca) por el momento. Haz una costura a la cola y rellénala. Rellena los brazos. Cose alrededor de los bordes del material de cada oreja, dejando una abertura pequeña para dar vuelta las orejas del lado correcto.

Paso

Cose las orejas a la parte superior del juguete. Cierra las aberturas a medida que cosas. Cose los brazos y la cola. Cose las partes del cuerpo al cuerpo con costuras pequeñas y ajustadas.

Paso

Comienza cosiendo la boca a la cara con costuras pequeñas y ajustadas. Deja una pequeña abertura en una esquina y rellena la boca por completo. Cierra la abertura con una costura final.

Termina tu mono con botones como ojos o cose ojos blandos usando solo hilo y costuras. (Un mono que se le vaya a dar a un bebé no debe tener botones como ojos). Si prefieres, agrega una costura como ombligo.

Enorgullécete de tu **trabajo manual. Readapta** otros pares de calcetines y sigue practicando estos pasos... ¡y haz toda una familia de monos!

Compruébalo ¿Qué materiales se necesitan para hacer este juguete?

GÉNERO Artículo de Estudios Sociales

Lee para descubrir cómo se transformaron lugares que no están en uso en dos ciudades.

Transformaciones urbanas

por Joseph Kowalski

Ciudades grandes significa muchas personas y muchos edificios. De hecho, el gran número de edificios, estructuras de hormigón y metal, parecen ocupar todos los espacios abiertos. Cuando están en uso, estas estructuras y las áreas que las rodean desbordan de actividad. Pero con el tiempo y por diversas razones, se dejan de usar. Cuando esto sucede, las estructuras pueden quedar **abandonadas.** Permanecen vacías y sin uso. Sin embargo, un día alguien puede imaginar la posibilidad de una **transformación.** Esta transformación puede incluir maneras de reutilizar, reinventar, restaurar o **revitalizar** las estructuras abandonadas y sus alrededores.

De autopista a oasis urbano

Seúl, en Corea del Sur, es una ciudad internacional con una población de más de diez millones de personas. En el corazón de esta ciudad, un hábitat restaurado y un río recorren un área en la que alguna vez hubo una autopista. Un proyecto de renovación urbana creó una transformación. El proyecto urbanizó el área de la vieja autopista y lo convirtió en un hermoso parque. Ahora hay acceso al río Cheonggyecheon al nivel del suelo. Esto permite que los habitantes se sienten en la orilla del agua, recorran senderos y disfruten de una parte **readaptada** de su ciudad. Los peces, las aves, los insectos y las plantas nativas también han regresado a su hábitat restaurado.

Estructuras parciales de
la vieja autopista de Seúl
se yerguen en el río.

Vista aérea durante la construcción

Los peatones ahora pueden cruzar el río a pie.

¿Cómo se produjo la transformación? La restauración comenzó en 2002. Se completó rápidamente: en solo dos años y cinco meses. Las cuadrillas de construcción primero debieron quitar la autopista elevada de hormigón. Luego, debieron demoler todas las estructuras restantes que bloqueaban el arroyo. El proyecto produjo miles de toneladas de desechos. Pero casi todos esos materiales de desecho se reutilizaron. Una vez que el arroyo fluyó, los planificadores debían considerar la posibilidad de una inundación. Los urbanistas del proyecto no querían reemplazar el problema de la congestión del tránsito por calles inundadas. Por lo tanto, las cuadrillas construyeron terraplenes que resistieran las lluvias intensas y las inundaciones.

Los planificadores también consideraron el aspecto del río. Las plantas dan la sensación de paisaje desde las afueras de la ciudad. Algunos lugares a las orillas del arroyo son excelentes lugares para relajarse y disfrutar del agua fresca. La caminata de 5.84 kilómetros (3.6 millas) junto al río incluye una cascada, luces de colores brillantes e instalaciones artísticas. Era importante hallar modos de que los habitantes de Seúl visitaran el espacio que a su ciudad le costó miles de millones desarrollar. Por lo tanto, los planificadores incluyeron 17 puntos de acceso desde las calles de la ciudad que llevan al arroyo. El proyecto de restauración del Cheonggyecheon recuperó un recurso natural de Seúl: su agua. También mejoró el medio ambiente y las opciones de recreación de sus habitantes. Algunas fuentes estiman que aproximadamente 90,000 personas visitan los márgenes de este arroyo urbano un día típico.

Aunque los márgenes del río urbano de Seúl son de hormigón, ofrece un hábitat natural que los ciudadanos disfrutan.

Línea vieja, vida nueva

A treinta pies sobre las calles de Manhattan, se yergue el *High Line* de Nueva York. Alguna vez fue una línea ferroviaria y estuvo en uso desde la década de 1930 hasta la década de 1980. Luego, la línea ferroviaria permaneció abandonada e ignorada. Muchos se preguntaban si la ciudad alguna vez demolería la estructura que no se usaba.

Un par de residentes del vecindario tuvieron una idea para reutilizar y transformar este paisaje venido a menos. A estos dos hombres se les ocurrió comenzar un proyecto que convirtió algo elevado y desagradable en un paisaje agradable. Ayudaron a crear un parque elevado que se extiende a lo largo de millas de vecindarios de la ciudad.

Este plan de transformación preservaría la historia local y encontraría un nuevo uso para la estructura. Las calles se encuentran tan transitadas que tener un parque elevado tiene mucho sentido.

Recuperar líneas ferroviarias abandonadas es una manera inteligente de reutilizar estructuras existentes en una ciudad que carece de espacio. Además, ofrece un pasaje seguro y panorámico a través de una parte de la ciudad, tanto para neoyorquinos como para visitantes.

Una vista aérea muestra la línea ferroviaria abandonada antes de su reconstrucción.

La maleza y la hierba cubrían los viejos rieles.

Paisajistas y jardineros mantienen los jardines a lo largo de los lados del andén.

Secciones a lo largo del andén tienen forma de durmientes.

¿Cómo se hizo? Después de haberla descuidado por 20 años, la *High Line* estaba desbordada de flores silvestres y maleza. El crecimiento silvestre produjo cierta inspiración. La *Promenade Plantée* de París, Francia, también fue una inspiración. También se creó a partir de líneas ferroviarias abandonadas. El grupo, Amigos de *High Line*, sabía que Nueva York sería un lugar perfecto para probar lo que habían hecho los parisinos.

Los diseñadores compitieron para ganar el papel de planificadores del parque. El equipo ganador construyó un parque que reflejara el carácter original de la línea. Elementos como los viejos durmientes se conservaron intactos. Las plantas nativas y la hierba nativa crecen de los durmientes como lo harían en estado natural.

El proyecto se completa en fases. Comenzó en 2006 y el desarrollo continuará. La *High Line* se ha convertido rápidamente en una de las atracciones turísticas más importantes de Nueva York. La ciudad y los diseñadores combinaron la naturaleza con diseño cuando planificaron este espacio. La belleza de la *High Line* refleja esta cuidadosa planificación.

En ciudades muy pobladas del mundo, las estructuras urbanas abandonadas pueden convertirse en un espacio revitalizado. Estos espacios son lugares para conocer vecinos, disfrutar de los espacios al aire libre y recordar la historia local.

Compruébalo   ¿Qué permaneció igual y qué cambió en Seúl y Nueva York?

Comenta | Información

1. ¿Qué conexiones puedes establecer entre las tres lecturas de *Transformadores*? ¿Cómo se relacionan las lecturas?

2. ¿Qué significa ser transformador? Usa información de cada selección para responder esta pregunta.

3. "Las costureras de edredones de Gee's Bend" y "Transformaciones urbanas" tratan de diferentes tipos de problemas y soluciones relacionados con transformar algo viejo en nuevo. ¿Cuáles son algunos de los problemas y soluciones?

4. ¿Qué te gustaría saber sobre las personas o los proyectos de Gee's Bend, Seúl o Nueva York?